Galway
lieben lernen

*Der perfekte Reiseführer für einen unvergessli-
chen Aufenthalt in Galway inkl. Insider- und
Spar-Tipps für den kleinen Geldbeutel*

Tatjana Seeberger

✈ INHALT

Das erwartet Sie in diesem Buch

Der Titel „Galway lieben lernen: Der perfekte Reiseführer für einen unvergesslichen Aufenthalt in Galway (inkl. Insider- und Spartipps für den kleinen Geldbeutel)" verrät bereits, auf was Sie sich freuen können.

In diesem Ratgeber finden Sie nicht nur einige praktische Tipps und Insiderwissen über die in meinen Augen schönste Stadt Irlands, sondern erhalten gleichzeitig so viele attraktive Ausblicke auf einen Trip an Irlands Westküste, dass Sie am liebsten gleich ins Flugzeug steigen oder zumindest Ihre Reise dorthin planen wollen – falls Sie das Flugticket dorthin nicht bereits gebucht haben. Die Reiselust wird Ihnen in diesem Ratgeber garantiert.

Egal also, ob Sie sich nun bereits für das Reiseziel Galway entschieden haben oder diese Ausführungen lesen, um sich dann auf diese Reise festzulegen: Ich versichere Ihnen, es lohnt sich! Von mir erfahren Sie alles Wissenswerte zu Ihrem Trip nach Irland und profitieren von den besten Insider-Tipps.

Von der Anreise, über die Unterkunft bis hin zu den sehenswürdigsten Attraktionen und Restaurants – hier werden Sie in jeder Kategorie fündig und hoffentlich auch nicht enttäuscht. Denn mit herzlichen Einwohnern, einem schönen Stadtbild und vielen Attraktion in und um Galway herum hat die Stadt Einiges zu bieten. Auf Grundlage all meiner Vorschläge und Inhalte können Sie Ihre Reise planen und sich ein buntes Programm zusammenstellen: Lernen Sie Irland kennen und lieben, indem Sie Galway erleben!

Aber überzeugen Sie sich zunächst durch das Lesen dieses Ratgebers und anschließend persönlich selbst und tauchen Sie ein in die Welt der freundlichen Inselbewohner. Wie bereits der Titel erkennen lässt, sollte Sie auch ein kleines Reise-budget nicht davon abhalten – es gibt ein paar zu-sätzliche Informationen, wie Sie die Reise kosten-günstig realisieren können.

Nun aber bleibt mir als Autorin nur noch eines zu sagen: Viel Spaß beim Lesen und ich wünsche Ihnen, dass Sie alle benötigten Informationen finden und sich vom „Galway-Fieber" anstecken lassen!

Galway lieben lernen

WER ODER WAS IST GALWAY?

Galway, oder Gaillimh für die Iren, ist eine an der Westküste gelegene Stadt in Irland. Mit rund 79.000 Einwohnern ist die Stadt, welche sich 2020 Kulturhauptstadt Europas nennen darf, die bevölkerungsreichste Stadt im Westen. Der *County,* in dem sich die Stadt befindet, heißt ebenfalls Galway.

Ähnlich wie es in Deutschland Bundesländer gibt, gibt es in Irland sogenannte Counties, welche wiederum 4 übergreifenden Provinzen (Ulster, Connacht, Leinster, Munster) zugeordnet sind. Es gibt 32 solcher Grafschaften, die heutzutage allerdings keinerlei verwaltungsbetreffende Funktion mehr haben. Der County Galway befindet sich übrigens in der Provinz Connacht, die den Westen Irlands einschließt.

Sprach man in der ersten Hälfte des 20. Jahrhunderts noch Irisch, so müssen Sie sich heutzutage keine Gedanken mehr darüber machen, dass Sie sich vor Ort nicht unterhalten können. Sie können sich überall problemlos mit Englisch verständigen. Bemerkenswert ist aber, dass in der Grafschaft Galway die heute noch größte irischsprachige Bevölkerungsgruppe des Landes lebt und Irisch die offizielle Sprache der Republik Irland ist.

Galway liegt am Ufer der sogenannten Galway Bay. Durch die Stadt fließt der Fluss Corrib, der in die Bucht von Galway mündet. Eher milde und nicht übermäßig schwankende Temperaturen (Höchsttemperaturen von 18 Grad Celsius im Sommer und minimale Grade von knapp über dem Nullpunkt im Winter) führen zu einer jährlichen Durchschnittstemperatur von ungefähr 13 Grad Celsius. Irland und somit Galway ist bekannt für eine vergleichsweise hohe Niederschlagsrate: In Galway regnet es rund 222 Tage im Jahr.

> Wundern Sie sich übrigens nicht, wenn auch bei diesen Temperaturen die Einheimischen in Shorts durch die Stadt laufen – die Iren sind „hart im Nehmen" und haben scheinbar ein anderes Kälteempfinden als wir Deutschen. So erkennen Sie aber mit ziemlicher Sicherheit die Einwohner und können sie von den Touristen unterscheiden.

Wie ist die Stadt entstanden?

Der Grundstein für die heutige Stadt wurde bereits 1124 mit dem Bau einer Burg in der Nähe des Fischerdorfes am Corrib gelegt. Dieses Dorf setzte sich ursprünglich lediglich aus einem Kloster und einer kleinen Ansiedlung von Häusern zusammen.

Der Name Galway leitet sich übrigens aus dem Irischen ab und bezeichnet den Fluss, welcher den in der Nähe gelegenen See und die Galway-Bucht verbindet. Der Name bedeutet wörtlich so viel wie „steiniger Fluss" beziehungsweise „die Steinige".

Das Dorf entwickelte sich rasant weiter und vergrößerte sich immer mehr: Schon bald herrschten in der Stadt 14 einflussreiche Familien, die sich Großbritannien zugehörig fühlten. Zu Beginn dieser Zeit (1396) wurde Galway offiziell das Stadtecht von Richard II. gewährt. Die besagten Adelsfamilien Athy, Blake, Bodkin, Browne, Darcy, Deane, Ffont, Französisch, Joyce, Kirwan, Lynch, Martin, Morris und Skerritt stellten damals nicht nur die Bürger, sondern auch die Bürgermeister der Stadt. Darum nennt man Galway auch die „Stadt der Stämme".

Vor allem war Galway schon früh bekannt als Handels- und Geschäftszentrum Westirlands. Durch die starke Beeinflussung Englands verstärkten sich besonders die Handelsbeziehungen zu Spanien und Portugal. Galway war somit eine der wichtigsten Anlaufstellen und wurde als Stadt immer reicher.

Dieser Reichtum hielt den Gründer der

englischen Republik Oliver Cromwell allerdings nicht davon ab, sondern – im Gegenteil – veranlasste ihn 1652 dazu, die Stadt mit seiner Cromwell'schen Armee einzunehmen. Gleiches galt für den späteren König von England, Schottland und Irland, Wilhelm von Oranien.

Nach einem Großbrand und einigen Aufständen sank das Ansehen Galways und damit verblasste auch der Status als erfolgreiche Handelsstadt. Auch, dass die Katholiken aufgrund eines englischen Gesetzes die Stadt verlassen mussten, trug dazu bei, dass sich die generelle Stadtsituation verschlechterte. Der Dezimierung Galways und dem allgemeinen Abwärtstrend konnte erst die Gründung der Universität 1845 Einhalt gebieten. Außerdem wurde einige Jahre später die erste Eisenbahnstrecke dorthin gebaut, wovon die Stadt wieder stark profitierte.

Letztendlich kann man Galway seit dem irischen Unabhängigkeitskrieg (1919 bis 1921) offiziell eine irische Stadt nennen – eine sehr widerstandsfähige und starke Stadt, denn auch nach der Zerstörung durch einige Brände im Jahr 1972 hat sich die Stadt erholt und zeigt sich heute mit seinem vom Mittelalter geprägten Stadtbild, seinen schmalen Gassen und vielen Pubs oder Restaurants von seiner schönsten Seite.

> Sogar Christophe Kolumbus soll 1477 einen Abstecher in die Stadt gemacht und in der St. Nicholas' Church gebetet haben.

GALWAYS EINWOHNER

Suchen Sie eine ruhige und anonyme Stadt, in der Sie sich zurückziehen können, so sind Sie in Galway falsch: Vielmehr laden die kulturell vielfältige Stadt und ihre Bewohner Sie ein, in ihre Welt einzutauchen und die lebhafte Atmosphäre zu genießen. So vielseitig wie die Stadt ist, sind nämlich auch ihre Bewohner. Die Stadt pulsiert und ist herrlich ansteckend – genau wie die Iren selbst. Sie werden abends nie allein sein, denn man trifft sich gern auf ein Pint in einer geselligen Runde im Pub. In dieser Stadt ist jeder willkommen und darf gern der traditionellen Musik lauschen. Besonders am Wochenende strömen die Menschen in die Stadt, um die berühmt berüchtigte Partyatmosphäre zu genießen. Nicht zuletzt durch die vielen studentischen Einwohner bezeichnet man Galway als eine sehr jugendliche Stadt. Überzeugen Sie sich selbst und stürzen Sie sich ins wilde Galway!

In Galway ist aber nicht nur abends, sondern zu jeder Tageszeit etwas los. Es ist immer der Mühe wert, mit den freundlichen Iren ins Gespräch zu kommen oder ihren (musikalischen oder sonstigen künstlerischen) Vorträgen zu lauschen. Lassen Sie sich durch die Stadt treiben und erleben Sie Straßenmusiker oder -theater in der schönsten und reinsten Form. Überall laden Plätze am Straßenrand dazu ein, das Geschehen zu beobachten und zu genießen.

Spazieren Sie entspannt durch die Gassen Galways, so schnappen Sie schnell die unterschiedlichsten Sprachfetzen auf. Hier treffen die verschiedensten Kulturen aufeinander und leben miteinander – Respekt und gegenseitiges Verständnis wird in Galway großgeschrieben. Das ist auch ein Grund, warum Besucher gern gesehen und Sie in der Stadt herzlich empfangen werden. Freuen Sie sich auf ein warmes Willkommen unserer irischen Freunde!

Die Stadt wird auch „City of Equals" (Stadt der Gleichen) genannt.

Im Jahr 2007 wurde sie außerdem (neben anderen Städten) mit dem Titel „sexiest city" in der Welt ausgezeichnet.

Das Wappen der Stadt Galway

WAS HAT DIE STADT ZU BIETEN?

Wie bereits erwähnt, gibt es in der Stadt viel zu entdecken. Kommen Sie mit auf eine gedankliche Reise durch die Stadt mit all ihren Attraktionen, um zu wissen, worauf Sie sich schon bald „live" freuen können:

Eyre-Square: Der Eyre Platz ist nicht nur ein beliebter Treffpunkt, sondern hat auch einiges mehr zu bieten. Neben der Tatsache, dass er den Mittelpunkt Galways einnimmt, ist er auch von zentraler historischer Bedeutung. 1963 hat der damals amtierende US-Präsident an Ort und Stelle eine Rede gehalten, weshalb der Platz auch John F. Kennedy Memorial Park genannt wird. Außerdem finden Sie neben einer Büste von ihm die 14 verschiedenen Flaggen der in Galways mittelalterlichen Zeiten regierenden Handelsfamilien. Eine Eingangstür des ehemaligen Hauses der Familie Brownes kann man dort heute noch besichtigen. Falls Sie diesbezüglich nicht beeindruckt sind von dem geschichtsträchtigen Platz, so werden Sie bestimmt von zahlreichen umliegenden Pubs oder den Wiesen angezogen, die besonders bei gutem Wetter zum Verweilen einladen. Am Platz angrenzend befindet sich übrigens auch das Eyre Square Shopping Centre, falls das Wetter einmal nicht mitspielt oder Sie doch einmal Lust auf einen Einkaufsbummel verspüren.

Spanish Arch: Der Spanisch Arch ist ein gigantischer Torbogen, der noch aus Zeiten der Stadtmauer übriggeblieben ist. Er ist im heutigen Stadtbild integriert. Errichtet worden ist der Bogen bereits im 16. Jahrhundert. Obwohl der Name das suggeriert, hat der Spanische Bogen nichts mit Spanien oder etwaigen Handelsbeziehungen nach Spanien zu tun, wie man es auch aufgrund des historischen Hintergrunds annehmen könnte. Er hieß früher sogar „Eyre Arch", was wohl eine nachvollziehbarere Bezeichnung wäre – Galway ist ja schließlich bekannt für den Eyre Square.

Galway City Museum: Direkt hinter dem Spanish Arch finden Sie das Galway City Museum. Auch wenn Sie an ein Museum vielleicht eher bei schlechtem Wetter denken, so zahlt sich ein Abstecher dorthin auch so aus, vor allem, wenn man sich für die Geschichte und Kultur Galways interessiert. Das Museum ist in die 3 Themenbereiche unterteilt: archäologische Ausgrabungen der Stadt, 2. Weltkrieg und Revolution in Galway sowie Meereswissenschaft. Da ist für jeden Besucher etwas dabei. Falls Sie bereits alles gesehen haben (vergessen Sie nicht, die Mitmachstationen auszuprobieren!) oder auf den ein oder anderen Geschichtsliebhaber warten – denn in den Ausstellungen kann man getrost die Zeit vergessen –, so lädt auf jeden Fall das Museumscafé zu einem Aufenthalt ein. Anders als die Leckereien im Café ist der Eintritt in das Museum übrigens kostenlos.

Galway's Latin Quarter: Dem Latin Quarter wird nachgesagt, das schönste Viertel in der Stadt zu sein – und das völlig zu Recht meiner Meinung nach! Machen Sie unbedingt einen Abstecher in diesen Abschnitt und genießen Sie den südlichen Teil der Stadt (unweit des Museums) mit seinen Kopfsteinpflasterstraßen, zahlreichen Läden und Restaurants. Hier herrscht immer ein lebhaftes Treiben. Das Quartier erstreckt sich vom Spanish Arch über die O'Brien's Bridge weiter über die St. Nicholas' Church bis hin zur Middle Street: Besonders auf der Middle Street finden Sie zahlreiche Erinnerungsstücke aus dem mittelalterlichen Zeitalter. Im Latin Quarter befindet sich übrigens auch die Kirwan's Lane (ein echter Geheimtipp, zu dem ich später in den Top 3 der

Orte, die nicht jeder besucht, mehr erzähle). Neben den historisch integrierten Sehenswürdigkeiten sind aber auch besonders die kleinen Handwerksläden auf der High Street sehenswert: Lassen Sie sich nicht nur von liebevoll gefertigten Strickwaren und von Töpferware verzaubern, sondern nehmen Sie auch die Einladung an, selbst Hand anzulegen: Wolle zum eigenen Stricken kann man dort überall kaufen. Bringen Sie Zeit mit, um das Viertel mit all seinen extravaganten Details und seinem ganz eigenen Charme zu entdecken.

Salthill-Promenade: Wenn Sie die Atmosphäre an der Küste einsaugen und sich den Wind ins Gesicht peitschen lassen wollen, so müssen Sie unbedingt einen Spaziergang an der Salthill Promenade (Teil der Galway Bay) entlang machen. In nur etwa 20 Minuten Fußweg erreichen Sie die etwas außerhalb liegende Promenade. Gerade bei gutem Wetter kann man stundenlang am Wasser entlanglaufen und den weiten Blick auf den Ozean genießen. Eine Alternative zu einem Spaziergang ist es außerdem, sich Fahrräder zu mieten. Direkt in der Nähe gibt es einen Fahrradverleih. Hier kommt die ganze Familie auf ihre Kosten: Neben zahlreichen Sitzmöglichkeiten, Spielflächen und sogar einem nahegelegenen kleinen „Funpark" kann man auch an einigen Stellen baden. Falls Sie also nicht wasserscheu sind und sich vor allem nicht vor eher mäßigen bis kühlen Wassertemperaturen scheuen, so tauchen Sie doch dort gern einmal ab. Informieren Sie sich im Vorhinein über die Gezeiten. Und auch wenn das Wetter diesbezüglich nicht mitspielt oder Sie nicht ins Wasser wollen, allein schon der beeindruckende Wandel von Ebbe und Flut ist einen Ausflug dorthin wert. Nehmen Sie unbedingt eine Kamera mit, um die Ausmaße des Naturschauspiels einzufangen. Mit das Beste an dieser Attraktion: Das Ganze ist selbstverständlich kostenlos!

Galway Greyhound Stadium: Ganz am anderen Ende der Stadt befindet sich das Galway Greyhound Stadium. Anders als man anhand des Namens vermuten könnte, handelt es sich hierbei nicht um ein Stadion, sondern um eine Rennbahn. Wahrscheinlich kennen Sie diese Form des Rennens nur vom Pferderennen, oder? Seien Sie in Galway dabei, wenn sich die überraschend schnellen Hunde ihre Rennen liefern. Schon mit einem kleinen Einsatz von einem Euro kann man am Wettspiel teilnehmen.

Passen Sie auf, dass Sie bei diesen spannenden Rennen nicht ins Wettfieber verfallen und all Ihr Taschengeld ausgeben! Meiner Erfahrung nach empfiehlt es sich, auf „Merciful Reilly" und „I Fada" zu wetten – setzen Sie auf diese beiden Siegerhunde und Ihr Geldbeutel wird klingeln, wenn die beiden Hunde nach wie vor so stark sind wie zu Zeiten, als ich sie angefeuert habe. Auf den Tribünen treffen sich übrigens viele Einheimische und die ganze Atmosphäre im Stadion ist ansteckend. Es macht einfach Spaß! So was muss man einfach einmal erlebt haben. Um etwaige Tierquälerei oder Ähnliches müssen Sie sich übrigens keine Gedanken machen: Das Wohlergehen der Hunde steht dabei immer an erster Stelle.

Die klassischen Pferderennen gibt es in Galway auch. Im Rahmen der jährlichen „Galway Races" im Juli können Sie 7 Tage lang Pferderennen mit ganz viel Programm und Spaß nebenher erleben. Dabei ist die Partyatmosphäre spürbar. Die Rennen sind einen Besuch wert und verheißen eine aufregende Zeit und gute Stimmung! Seien Sie dabei – ob Sie dabei auf die (richtigen) Pferde setzen oder einfach nur zuschauen.

National University of Ireland: Bei einem Besuch einer Studentenstadt darf natürlich eines nicht fehlen: Der Ausflug zur Universität selbst. Die Wurzeln der Universität reichen bis ins Jahr 1845 zurück, als sie noch ein Teil der Queen's University of Ireland war. Erst seit 1908 trat die auch bis in jüngere Zeit als University College Galway bekannte Universität in den Verbund ein, dessen Namen sie auch heute trägt: National University of Ireland. An der Universität studieren etwa 15.000 Studentinnen und Studenten. Diese werden Sie je nach Zeitpunkt Ihrer Reise wahrscheinlich nicht alle antreffen. Aber auch wenn es nicht vor jungen Menschen wimmelt, rate ich Ihnen, sich das Universitätsgelände näher anzuschauen. Das ganze Gelände liegt direkt am Fluss Corrib. Dieser macht zusammen mit all den Grünflächen und natürlich der Größe die Universität zu einer freundlichen Anlage, in der man sich gern aufhält. Besonders das einem in Oxford nachempfundenen Gebäude verleiht der Universität seinen Charme. Fairerweise muss ich sagen, dass nicht alle Teile des Universitätsgeländes wie ein Schloss aussehen, sondern auch weniger ausgeschmückte Neubauten integriert sind. Das soll Sie aber von einem

Besuch nicht abhalten, zumal – seien wir einmal ehrlich – unsere Universitäten in Deutschland auch nicht alle die ansehnlichsten sind. Es zählen ja auch vor allem die „inneren Werte"...

Galway Cathedral: Zum Pflichtprogramm einer Stadtbesichtigung gehört ebenfalls für die meisten Menschen die Kirche oder Kathedrale der Stadt. Hiermit möchte ich Ihnen kurz die Kathedrale von Galway als Ausflugsziel vorstellen. Die vollständige und offizielle Bezeichnung lautet „Cathedral of Our Lady Assumed into Heaven and St. Nicholas, Galway"; Sie werden aber von jedem eine Antwort bekommen, wenn Sie lediglich nach der „Galway Cathedral" fragen. Einordnen lässt sich die Kathedrale in die römisch-katholische Glaubensgemeinschaft. Sie ist außerdem eines der größten und beeindruckendsten Gebäude der Stadt: Besonders bekannt ist die grüne Kuppel, die gleichzeitig ein Aushängeschild für die Stadt ist. Zu finden ist die Kathedrale ebenfalls in der Nähe des Flusses und somit in Universitätsnähe, nämlich am Westufer des Corrib. Wenn Sie das Gebäude nicht nur von außen bewundern, sondern auch die kunstvolle Gestaltung des Innenraums bewundern wollen, treten Sie ein und achten Sie vor allem auf das berühmte Rosettenfenster über der Orgel. Sie können hier so viel Zeit verbringen, wie Sie wollen, denn der Eintritt ist kostenlos und geöffnet ist die Kirche von morgens bis abends. Sogar Besucher, die sich sonst nicht als Kirchengänger bezeichnen, waren begeistert von diesem „Schmuckstück" (siehe Tripadvisor). Ich war es allemal und kann Ihnen einen Besuch dorthin nur empfehlen – Sie können nur gewinnen!

Quay Street: Nicht gerade in klassischer Form eines Gebäudes oder Denkmals kommt die nächste Sehenswürdigkeit daher: Die Quay Street ist eine typische Straße, mit der man ohne Weiteres die Stadt Galway beschreiben und repräsentieren könnte. Hier, im Zentrum von Galway, finden Sie alles und es ist immer etwas los: von Pubs, Restaurants über viele verschiedene Läden bis hin zu Straßenkünstlern, die Sie mit Ihrer Musik oder mit Ihren Zaubertricks begeistern. Genau richtig sind Sie in dieser Straße auch, wenn Sie sich einfach einmal in das Getümmel schmeißen und sich von der Masse treiben lassen wollen. Eine ruhige Minute finden Sie in all dem Gewusel nicht, aber Sie werden sich garantiert gut unterhalten fühlen. Übrigens wird die Straße

„Ki:" ausgesprochen – falls Sie nicht verstehen, warum Sie beim Fragen nach der richtigen Richtung angelächelt werden. Da die Straße jedoch sehr touristisch ist und so zentral gelegen, dass Sie im wahrsten Sinne des Wortes „nicht um sie herumkommen", wird das aber wahrscheinlich auch gar nicht nötig sein.

Ärgern Sie sich nicht, dass Sie zu den ganzen Touristen gehören, sondern genießen Sie die lebhafte Stimmung und das ein oder andere Pint, während Sie traditioneller oder auch moderner Musik von Straßenkünstlern lauschen. Die Straße liegt übrigens im bereits weiter oben beschriebenen *Latin Quarter*.

Markt: Genauso wie die zahlreichen unbeweglichen Attraktionen gehören auch die Märkte Galways zu den sehenswerten Zielen. Auf dem Galway Market finden Sie viele verschiedene Stände, die sowohl frische Produkte als auch lokal produzierte Handarbeit verkaufen. Hier spiegelt sich besonders bei dem Essen die kulturelle Vielfalt wider: Probieren Sie und seien Sie begeistert von leckerem Curry, frischen Crêpes, japanischem Sushi oder stellen Sie sich selbst ein individuelles Picknick aus besten Zutaten und Produkten zusammen. Neben all den Versuchungen, die Sie erstehen können, werden Sie aber auch noch einmal wunderbar die Atmosphäre der Stadt aufnehmen können. Denn im Marktgeschehen kommen Sie mit den unterschiedlichsten Leuten ins Gespräch oder können in der lebhaften Menge treiben. Den Wochenendmarkt finden Sie direkt neben der St. Nicholas' Church mitten in Galway. Er findet jeden Samstag zwischen 8 Uhr und 18 Uhr statt. An Feiertagen und an allen Freitagen im Juli und August können Sie dem Markt ebenfalls einen Besuch abstatten.

Im Winter gibt es in Galway sogar einen Weihnachtsmarkt. In unmittelbarer Nähe der St Nicholas' Church kann man dann 10 Tage lang Weihnachtsleckereien kaufen und die weihnachtliche Stimmung bei Kerzenlicht und Musik genießen. Ob dort auch Glühwein serviert wird, müssen Sie selbst herausfinden.

Festivals: Galway ist weithin bekannt für seine vielen Festivals, die tausende von Besuchern anlocken. Eine Auflistung der bekanntesten Festivals in einer chronologischen Reihenfolge habe ich im Folgenden für Sie zusammengestellt. Gegebenenfalls sind Sie ja zu einem der Termine in der Stadt oder richten Ihre Planung entsprechend danach aus.

- **Galway Food Festival (April)**

Sie lieben gutes Essen und sind bereit, im wahrsten Sinne des Wortes über Ihren Tellerrand hinaus zu blicken? Dann sind Sie auf dem Galway Food Festival genau richtig. Das Festival findet regelmäßig im Frühjahr statt und tausende Besucher werden von der breiten Auswahl an Speisen dort angelockt. Auf dem Festival gibt es aber nicht nur das Essen zu kosten und zu bewundern, sondern noch vieles mehr. Entdecken Sie das, was dahintersteckt: Lernen Sie regionale Erzeuger und Lieferanten kennen und erfahren Sie, warum Galway auch als die „Hauptstadt des Essens" in Westirland bezeichnet wird. Vor allem aber erleben Sie die Passion, mit der die Menschen sich und ihre Lebensmittel präsentieren. Es gibt Live-Cooking, Kochkurse, aber auch kleine Workshops (auch für Kinder). Über hunderte von Ständen werden aufgebaut und zum Festival gehören außerdem verschiedene Märkte und

Programme für die ganze Familie. Das Festival erstreckt sich in der Regel über 5 Tage und ist definitiv ein Highlight der Festivalsaison.

• SeaFest (Juni)

Im Hafen von Galway können Sie an einem Wochenende im Frühjahr oder im Sommer das SeaFest besuchen. Im Rahmen des Festes werden Jung und Alt einige Attraktionen geboten: So können Sie in die Welt der Marine eintauchen und unter anderem riesige Schiffe besuchen, die bereits um die halbe Welt gesegelt sind. Außerdem präsentieren auf dem Festival authentische Seefahrer ihre besten Geschichten und Erlebnisse. Informationen rund um die See oder über Meereslebewesen werden ausgestellt. Neben Artefakten aus der Seefahrt und allem, was dazugehört, finden Sie hier aber auch feinste Meeresfrüchte und allerlei Fisch. Nachdem Sie sich gestärkt haben, haben Sie sogar die Chance, selbst auf Schifffahrt zu gehen und (zumindest eine kleine) Runde über den Atlantik zu schippern. Es gibt viele interaktive Angebote, die zum Mitmachen einladen. Schauen Sie also unbedingt vorbei und lernen Sie, wie man einen guten Seemannsknoten knüpft oder wie man sich beispielsweise auf hoher See die Zeit vertreibt. Ihre Zeit wird auf dieser Entdeckungsreise wie im Flug – oder sollte ich besser sagen: wie auf dem Schiff? – vergehen.

• Galway International Arts Festival (Juli)

Auf dem Galway International Arts Festival kommen nicht nur Kunstliebhaber auf ihre Kosten. Das im Sommer stattfindende Festival bietet ein buchstäblich buntes Programm und da ist für jeden etwas dabei. Das vielfältige Programm und somit die ganze Veranstaltung geht mehrere Tage, in der Regel sogar 2 Wochen. Es treten nicht nur lokale, sondern auch internationale Talente auf. Es lohnt sich, das Programm auf der Webseite einzusehen und sich zu überlegen, welche Ausstellungen, Veranstaltungen und Künstler Sie im Rahmen des Festivals besuchen möchten. Bereits im Vorhinein können Sie sich für den Newsletter eintragen und werden über bevorstehende Events informiert. Das sollten Sie sich auch nicht entgehen lassen, denn es treten namhafte Künstler auf, deren Tickets schnell vergriffen sein können. Anders als bei den anderen Festivals bedarf es hier also ein bisschen mehr Vorbereitung, denn viele Attraktionen erfordern kostenpflichtige Tickets, die man gegebenenfalls zwingend vorher kaufen muss. Es gibt aber auch kostenfreie Angebote. Außerdem überträgt sich die besondere Stimmung auf die ganze Stadt, sodass Sie auch in allen Pubs und Straßen in gewissem Sinne das Festival miterleben. Sie können also sicher sein, dass Sie die Ausmaße sogar beim Trinken Ihres Bierchens erleben, auch wenn Sie nicht aktiv am Festival teilnehmen: Besonders zu diesem Zeitpunkt kann man die Stadt als pulsierend bezeichnen. Ich garantiere Ihnen, Sie werden durch diese Begeisterung und die Expressivität angesteckt.

- **Galway Film Fleadh (Juli)**

Hier spricht der Name eigentlich schon für sich – „Fleadh" kommt aus dem Gälischen und bedeutet so viel wie „Bankett". Sind Sie also ein richtiger Filmliebhaber und wissen Sie die Schauspielkunst zu schätzen oder haben Sie im Rahmen dessen einfach einmal Lust auf gute Unterhaltung, so wird das Filmfestival sicher Ihren Geschmack treffen. Galway begrüßt neben zahlreichen Gästen regelmäßig auch (inter)nationale Größen, die unter anderem bereits für einen Oskar nominiert wurden und/oder diesen auch gewonnen haben. Es wird sicher einige gute und besondere Ergebnisse der Filmszene zu sehen geben.

Außerdem ermöglicht die Veranstaltung es, dass auch ein unbekannter Laienregisseur seinen Kurzfilm einschicken kann. Eine Auswahl an eingesendeten Filmen wird dann im Rahmen des Festivals der Öffentlichkeit präsentiert. Je nachdem, welchen Film Sie sich anschauen möchten (informieren Sie sich dazu am besten auf der Homepage des Festivals), sollten Sie also schnell zuzugreifen und begehrte Tickets ergattern. Preise fangen dabei ab 10 € an, wobei der Eröffnungsfilm natürlich deutlich teurer ist. Es gibt aber auch Paketangebote, die sich gegebenenfalls für Sie lohnen. Entscheiden Sie sich, welche Filme und Angebote Sie reizen und investieren Sie in die Filmkunst. Sie werden hoffentlich nicht enttäuscht werden.

• Galway International Oyster and Seafood Festival (September)

Jedes Jahr am letzten Wochenende im September findet das Galway International Oyster and Seafood

Festival statt. Natürlich dreht sich dabei alles um das sich bereits im Titel des Festivals befindende Gericht: Austern. Seien Sie dabei, wenn köstliche Speisen direkt vor Ihrer Nase zubereitet werden und stellen Sie sich an, um zu probieren. Dabei werden Sie neben zahlreichen anderen Attraktionen und Programmpunkten immer wieder Livemusik erleben. Verpassen Sie auch nicht die große Eröffnungszeremonie in der Eröffnungsnacht. Ein weiteres Highlight des Festivals ist „The World Oyster Opening Championship", wobei die Person gekrönt wird, die es schafft, in einem Wettbewerb die meisten Austern zu öffnen. Nehmen Sie die Herausforderung an und wollen Sie an dem Wettkampf teilnehmen? Nichts wie hin!

• Baboró International Arts Festival (Oktober)

Zuletzt möchte ich Ihnen noch ein ganz besonderes Festival vorstellen: Ein Kunstfestival, das den Fokus auf die kleinen Gäste legt, ist das im Herbst stattfindende Baboró International Arts Festival. Aber nicht nur für Kinder, sondern für die ganze Familie wird im Rahmen des Festivals ein buntes Programm auf die Beine gestellt: Theater, Tanz, Musik und

Puppenspiel gehören genauso dazu wie Workshops, Lesungen und Attraktionen, mithilfe derer auch besonders junge Menschen an Kunst herangeführt werden sollen. Für die Veranstaltung steht das Mitmachen im Mittelpunkt und jeder kann und soll gerne kreativ werden. Das ist eine schöne Gelegenheit, Zeit miteinander zu verbringen. Der Zeitraum des Ganzen ist eine Woche und so können Sie ganz flexibel einen Abstecher zu einer der Aktionen einplanen und den einen oder anderen Programmpunkt erleben. Vielleicht werden Sie dort selbst wieder zum Kind!

Wie Sie sehen, ist es durchaus sinnvoll, sich den aktuellen Eventkalender anzusehen. Da Galway für seine vielfältige Kunstszene bekannt ist, wird es sicherlich noch einige andere interessante Festivals in der Stadt geben. Ihnen wird jedenfalls eine große Festivalauswahl geboten und ich empfehle Ihnen (je nach Interessen), noch einmal selbst zu recherchieren oder sich beraten zu lassen, was das aktuelle Geschehen und Programm in Galway angeht. (Die sogenannten Galway Races, die eigentlich auch zu den bekannten Festivals zählen, habe ich ja bereits im

Kapitel *Was hat die Stadt zu bieten?* kurz erwähnt. Informieren Sie sich auch hierzu bei Interesse noch genauer auf der entsprechenden Webseite.).

AUF NACH GALWAY

In diesem Kapitel werde ich Ihnen Ihre verschiedenen Möglichkeiten vorstellen, wie Sie die Stadt erreichen. So abwechslungsreich wie die Verkehrsmittel sind, so vielseitig sind auch die Möglichkeiten der Anreise. Egal, ob sie aus dem Inland anreisen oder sogar über die Ländergrenze hinweg Ihre Reise planen: Finden Sie in diesem Kapitel, welche Form der Anreise die richtige und praktikabelste für Sie ist.

Die einfachste und beliebteste Anreise ist grundsätzlich die über Dublin, da der Flughafen häufig bedient wird und die Hauptstadt ein guter Ausgangspunkt für einen Abstecher in den Westen ist. Irland hat ein sehr gut ausgebautes Netz, was den öffentlichen Nahverkehr betrifft, und daher kann ich Ihnen das uneingeschränkt empfehlen.

Flugzeug: Der mit unter 100 km am nächsten an der Stadt liegende Flughafen ist der Ireland West Airport Knock (NOC). Dort landen nicht nur täglich

Flugzeuge aus dem Nachbarland Großbritannien, sondern im Sommer operiert zum Beispiel dort auch die Lufthansa, die diverse Strecken und somit viele Länder bedient; außerdem Ryanair. Vom Flughafen aus können Sie entweder mit dem Auto weiterreisen (Strecke N17), den Bus nehmen (Route 64, 440), in den Zug steigen (von <u>Ballyhaunis</u>, <u>Foxford</u>, <u>Claremorris</u> oder <u>Ballymote</u>, wobei diese Orte mit einem Taxi oder dem Bus erreicht werden können) oder bequem ein Taxi nehmen. Natürlich können Sie aber auch nach Dublin fliegen und von dort aus mit dem Transportmittel Ihrer Wahl weiterreisen. Der Flughafen liegt zwar an der Ostküste Irlands, wird aber häufiger frequentiert und verfügt über eine exzellente Anbindung.

Auto: Von Dublin aus können Sie Galway ganz einfach mit dem Auto erreichen. Die Fahrzeit beträgt circa 2 Stunden und ist somit die schnellste Verbindung von der Hauptstadt nach Galway. Mietwagen können Sie sich entweder direkt am Flughafen oder in der Stadt leihen. Zwar ist es auch für die weitere Mobilität Ihres Aufenthalts ein verlockendes Angebot, das Auto für den ganzen Zeitraum zu mieten, allerdings empfehle ich Ihnen, Galway selbst fußläufig zu erkunden. Das Auto lohnt sich also eher für die Anreise und weitere Ausflüge in der Umgebung, nicht aber für den Stadtverkehr. Was Sie bei Ihrer Wahl außerdem im Hinterkopf haben sollten, ist, dass in Irland Linksverkehr herrscht und Sie sich daran gewöhnen müssen, dass Sie auf der „falschen" Seite sitzen.

Bus: Irland hat zudem ein sehr gut ausgebautes Streckennetz für Fernbusse. Es gibt verschiedene Anbieter, die Sie gegeneinander abwägen sollten: Besonders zu empfehlen ist der Klassiker Bus Éireann, der viele Strecken und somit auch die von Dublin nach Galway bedient. Es gibt aber auch zahlreiche andere Angebote, wie beispielsweise Non-Stop-Fahrten mit dem Citylink oder Gobus. Damit benötigen Sie von Stadt zu Stadt nur knapp 4 Stunden. Die Entscheidung, welcher Anbieter für Sie der richtige ist, überlasse ich gern Ihnen: Können Sie es kaum abwarten und wollen Galway so schnell wie möglich erreichen? Oder würden Sie gern schon auf der Fahrt Eindrücke von Irlands Landschaft und der Umgebung sammeln? Entscheiden Sie sich also für eine der Non-Stop-Varianten oder fahren Sie von Dorf zu Dorf und entdecken Sie so Galways Umgebung mit dem Bus Éireann. Tickets gibt es bereits ab 13 € (online oder an einer lokalen Verkaufsstelle). Es gibt übrigens sowohl Busangebote direkt vom Flughafen als auch aus der Innenstadt Dublins.

Bahn: Eine letzte Möglichkeit, um ohne Auto nach Galway zu reisen, ist die Anfahrt mit dem Zug. Die beste Verbindung direkt von Dublin nach Galway bringt Sie in rund 2,5 Stunden an die Westküste. Tickets bewegen sich in einem preislichen Rahmen von 17 € bis 25 €. Die können Sie bereits online auf IrishRail kaufen oder natürlich in einem Ticket-Shop vor Ort.

TATJANA SEEBERGER

Werden Sie zum Insider

VOM „MAINSTREAM-TOURIST" ZUM INSIDER: DIE BESTEN GEHEIMTIPPS

Wollen Sie ein bisschen mehr sein als ein klassischer Tourist, der in das nächste Reisebüro stiefelt und eine Pauschalreise bucht? Dann dürfen Sie dieses Kapitel auf keinen Fall überspringen. In den folgenden Abschnitten erfahren Sie die besten Insidertipps für eine authentische Reise auf die sogenannte grüne Insel.

Eine Empfehlung, die sich auch im Kapitel *Die Reise nach Galway mit einem kleinen Geldbeutel* wiederfindet, ist das Unterkommen bei den „Locals" in Form einer persönlichen Airbnb-Unterkunft oder sogar Couchsurfing. Allgemein lege ich Ihnen nahe, jeglichen Kontakt zu Einheimischen zu suchen, der sich Ihnen anbietet. Die Iren sind allgemein ein sehr freundliches und offenes Volk und häufig bereit, sich auf mehr als nur einen kleinen Plausch mit Ihnen einzulassen, wenn Sie daran interessiert sind. Zum Insider wird man nämlich am besten, wenn man mit Insidern persönlich in Kontakt kommt.

Was Ihnen auch hilft, sich von dem allgemeinen Touristen abzuheben, ist es, wenn Sie sich schon vor der Einreise mit dem Land, den Leuten und ihrer Kultur beschäftigen. Es gibt inzwischen zahlreiche Blogs oder Berichte im Internet, die Ihnen einen Einblick in die irische Kultur geben. Da auch die irische Sprache noch durchaus präsent ist, ist es schon clever, im Vorfeld bereits die ein oder andere Vokabel zu pauken. Wussten Sie zum Beispiel., dass „Sláinte" (ausgesprochen „Schlawn-te") das Äquivalent zum deutschen „Prost" ist? Sie machen sich sicher beliebt, wenn Sie im Pub mit solchem Wissen glänzen können. Im Übrigen ist es auch sehr hilfreich, wenn Sie auf Toilette gehen wollen, zu wissen, wie die Tür beschriftet sein muss, durch die Sie gehen. Ein Bei-spiel, wo Sie nützliche Informationen finden, ist fol-gender Blog:

https://www.gruene-insel.de/blog/2020/irische-woerter-die-man-kennen-muss/

Im Kapitel

Nice to know: Irland finden Sie in der Rubrik *wissen*, falls dies nicht ohnehin schon der Fall ist.

Irisch übrigens noch eine womöglich sehr nütz-liche Sammlung an Wörtern und Begriffen, die Sie entweder vor Ihrem Trip lernen oder sich mitneh-men können.

TOP 3 HOTELS

Wollen Sie in Galway ein unvergleichliches Erlebnis haben und frisch und ausgeruht in jeden neuen Tag starten? Dann habe ich in dem folgenden Abschnitt 3 Hotel-Empfehlungen, in denen Sie nicht nur Ihren Schönheitsschlaf bekommen, sondern ein angeneh-mer Aufenthalt garantiert ist.

Menlo Park Hotel: Bei diesem Hotel handelt es sich um ein 4-Sterne-Hotel, das bestens bewertet ist. In allen 81 eleganten und komfortabel ausgestatteten Zimmern gibt es WLAN und auch ein Wäscheservice wird angeboten – nicht vergessen: In Irland kann es gern auch einmal regnen und dann benötigen Sie vielleicht das ein oder andere Paar Wechselklamotten. Das Hotel ist nicht direkt im Stadtkern, sondern etwas ruhiger gelegen, aber das Zentrum ist in 15 bis 25 Minuten fußläufig zu erreichen. Entscheiden Sie sich für dieses Hotel, erwartet Sie jeden Morgen ein vielseitiges Frühstücksbüffet. Vielleicht starten Sie dort aber auch Ihren Tag mit einem kleinen Spaziergang durch den nahegelegenen Menlo Park?! Die Preise für ein Doppelzimmer im Hotel starten ab rund 60 € pro Nacht.

The Lane – Boutique Residence: Dieses Hotel, in dem Sie sich ab 80 € pro Nacht in einem Doppelzimmer wohlfühlen können, liegt direkt im Stadtzentrum. Es besticht mit seiner Wärme und Persönlichkeit und siedelt sich ebenfalls im 4-Sterne-Bereich an. Alle mit WLAN ausgestatteten Zimmer sind liebevoll eingerichtet und darin lässt es sich mehr als gut aushalten – auch wenn Sie bestimmt nicht Ihre

Zeit in Galway nur in einem Hotelzimmer verbringen wollen. Nach einem liebevoll zusammengestellten Frühstück können Sie direkt in das Herz der Stadt laufen und erreichen den 200 Meter entfernt liegenden Eyre Square in wenigen Minuten. Außerdem können Sie von dort aus auch einen Abstecher zur Touristeninformation einplanen (direkt nebenan), falls Sie nach dieser Lektüre noch Bedarf haben.

The Huntsman Inn: Das dritte und letzte Hotel, das ich Ihnen kurz vorstellen möchte, ist das familiengeführte 4-Sterne-Hotel „The Huntsman Inn". Auch dieses Hotel ist eher am Stadtrand gelegen, aber dafür ist die Stadtmitte in wenigen Fahrminuten erreicht und Ihre Unterkunft besticht mit seinem Boutique-Charme und den detailreich eingerichteten Zimmern. Mit 14 Zimmern ist es ein sehr kleines Hotel, das für Leute, die genau solch eine familiäre Atmosphäre suchen, genau das richtige ist. Natürlich gehört hier ebenfalls WLAN zur Grundausstattung, aber auch das exklusive Frühstücksmenü oder die hauseigene Bar laden zum Verweilen ein – natürlich nur als Start in den Tag oder wenn Sie dann doch einmal genug vom pulsierenden Alltag in der Stadt haben und den Tag ruhig ausklingen möchten. Montags und samstags finden dort übrigens regelmäßig Quiz- und Unterhaltungsabende statt. Preislich liegen Sie bei diesem Hotel für ein einfaches Doppelzimmer bei 81 € – das zuvor beschriebene Angebot inklusive.

TOP 3 RESTAURANTS

Zu jeder schönen Reise gehört auch gutes Essen. In diesem Abschnitt habe ich Ihnen eine Liste mit Empfehlungen bestehend aus 3 ganz verschiedenen Restaurants zusammengestellt, in der sich bestimmt für jeden Geschmack etwas findet. Tauchen Sie ein in die kulinarische Welt Galways.

Blakes Bar: Wenn Sie Zeit in Irland und in Irlands heimlicher Hauptstadt verbringen, so liegt es nahe, dass ich Ihnen eine Lokalität empfehle, die feinste traditionelle irische Küche anbietet. Genießen Sie in diesem gemütlichen Pub neben gutem Essen auch klassische Livemusik. Neben einer großen Auswahl an Getränken und Bieren finden Sie in dem urig eingerichteten Restaurant vor allem auch sehr nettes Personal, das gern bereit sind, Ihnen auch mehr zu bieten als hektischen Smalltalk bei der Bestellungsaufnahme. Blakes Bar liegt direkt im Zentrum von Galway auf der Eglington Street (in der Nähe des Eyre Squares). Der Pub öffnet um 11 Uhr und lädt Sie ein, von seiner vielfältigen Speisekarte zu kosten. Am besten reservieren Sie vorher online oder telefonisch, wenn Sie sich einen Platz sichern möchten.

The Dough Bros: Natürlich darf unter den besten Restaurants auch ein guter Italiener nicht fehlen. Die beste Pizza der Stadt bekommen Sie direkt gleich zweimal: In der Middle Street und im Restaurant in der Eyre Square. In diesen beiden Filialen können Sie sich auf leckere Steinofenpizza mit einem dünnen und fluffigen Teig freuen und finden auf der kleinen, aber feinen Speisekarte eine Kreation für jeden Geschmack. In diesem Restaurant bestellen Sie die Getränke und Ihre Pizza direkt am Tresen, bevor Sie sich dann an Ihren Plätzen niederlassen und sich auf das Essen freuen können. Preislich beginnen die Pizzen bei 9,50 €, ausgefallene Extras exklusive. Wenn Sie sichergehen möchten, dass Sie einen Platz bekommen, besuchen Sie das „The Dough Bros" am besten gleich gegen 12 Uhr am Mittag, wenn es öffnet.

Sangria Tapas Restaurante: Nicht selten hört man Bewertungen, wie „Beste Tapas aller Zeiten!" (siehe Tripadivsor), wenn es um die letzte kulinarische Empfehlung geht: Das Sangria Tapas Restaurante. Wie der Name schon verrät, können Sie in diesem Lokal Tapas kosten und das in ausgezeichneter Qualität. Direkt im Herzen Galways auf der Middle

Street finden Sie dieses von einem Guatemalteken geführte Restaurant. Probieren Sie sich in einer authentischen Atmosphäre durch die große Auswahl der Tapasgerichte, unter denen sich auch Gerichte für Vegetarier und Veganer finden. Dazu passt vorzüglicher Sangria oder einer der zahlreichen angebotenen Weine. Auch in diesem Restaurant empfiehlt es sich, vorher zu reservieren (online oder, um ganz sicherzugehen, telefonisch). Das Lokal öffnet erst am (späten) Nachmittag und ist somit nicht zur Mittagszeit geöffnet.

TOP 3 ORTE, DIE NICHT JEDER KENNT

Circle of Life National Organ Donor Commemorative Garden: Wie der Name bereits verrät, handelt es sich hierbei um eine Parkanlage, die zu Ehren von Organspendern errichtet worden ist. Natur- und Pflanzenfreunde kommen hier voll auf ihre Kosten, aber auch für Kunst- oder Kulturliebhaber und für ein paar ruhige Stunden lädt die Anlage zum Verweilen ein. Abseits von der Hektik und dem Trubel der Stadt finden Sie in der Nähe der Salthill Promenade diese – besonders bei schönem Wetter – einladende Oase. Bewundern Sie bei einem ausgedehnten Spaziergang die gepflegten Anlagen und Blumen und erfahren Sie die einzelnen Bedeutungen hinter jedem ausgestellten Detail und den vielen Denkmälern. Vielleicht lassen Sie sich ja von der ein oder anderen persönlichen Geschichte inspirieren und werden selbst zum Organspender... Ansonsten genießen Sie einfach die beeindruckenden Gärten und Denkmäler, die ihren ganz eigenen Charme versprühen.

Kirwan's Lane: Eine schmale Gasse, in die sich nicht jeder verirrt, die ich Ihnen aber unbedingt empfehlen möchte, ist die Kirwan's Lane. Sie befindet sich mitten im Zentrum der Stadt und ist nach einem der 14 Stämme benannt, die einst die Stadt beherrschten. Aber nicht nur der Name erinnert an vergangene Zeiten, sondern auch viele architektonische Details aus dem 16ten und 17ten Jahrhundert sind dort zu bewundern. Hier staunen nicht nur Kunst- und Architekturliebhaber. Wenn Sie Glück haben, bekommen Sie sogar einen Platz in einem der einladenden Restaurants in der Straße. Falls nicht, ist es trotzdem ein Erlebnis, durch die niedliche Gasse zu schlendern und neben kleinen Cafés und

Pubs einige der vielen Läden zu besuchen, die liebevoll angefertigte Handarbeit anbieten. Galways mittelalterlichste Straße beeindruckt aber nicht nur mit Ihrem Charme, sondern auch mit Geschichte: Wussten Sie, dass lange Zeit nur Ruinen übrig waren und diese wiederaufgebaut wurden? Was an dieser Stelle damals ebenfalls seinen Platz hatte, war ein Theater aus dem 18ten Jahrhundert, dass es heute allerdings nicht mehr zu bestaunen gibt. Sie sind trotzdem herzlich eingeladen, in der Straße einzukehren und den Geist früherer Zeiten zu erleben.

Cupán Tae: Ein im wahrsten Sinne süßer Geheimort ist das Cupán Tae Café. Treten Sie in diese Räumlichkeiten ein, fühlen Sie sich in eine vergangene Zeit zurückversetzt. In einem liebevoll eingerichteten Tearoom können Sie einen schönen Nachmittag verbringen. Im Café kann man aber auch frühstücken oder zu jeder anderen Tageszeit vorbeischauen – und das an jedem Tag der Woche. Die herrliche Auswahl an delikatem Gebäck- und über 50 verschiedenen Teespezialitäten, serviert in chinesischem Porzellan, bringt Sie dazu, gern zu bleiben. Sogar Leute, die nicht gern Tee trinken, schwärmen von dem Angebot des Cafés. Probieren Sie unbedingt ein paar Sorten und lassen Sie sich vielleicht sogar dazu hinreißen, mit der ein oder anderen Kleinigkeit als Mitbringsel oder für den eigenen Verzehr aus dem hauseigenen Verkauf aus der Tür zu treten. Bestimmt bringt Sie eine solche Tasse Tee in Ihren eigenen vier Wänden gedanklich zurück nach Galway und Sie erinnern sich gern an Ihre Zeit in der Stadt. Falls die Sehnsucht dann nicht abebbt, gibt es übrigens auch einen Onlineshop, in dem Sie Galways feinste Köstlichkeiten bestellen können.

WEITERE GEHEIMTIPPS

Die Auswahl der Top 3 in den Kategorien Hotels, Restaurants und Orte, die ich Ihnen im vorherigen Abschnitt bereits vorgestellt habe, waren hoffentlich schon wertvolle Tipps für Sie. Im Folgenden habe ich aber noch einige mehr zusammengestellt. Nachfolgende Attraktionen und Aktivitäten dürfen Sie sich nicht entgehen lassen.

Segway-Stadtrundfahrt: Ein weiterer Geheimtipp, der Sie zwar nicht an viele Geheimorte bringt (oder doch?), aber sich trotzdem bezahlt macht, ist eine Stadtrundfahrt mit dem Segway. Gerade zu

Beginn Ihres Aufenthalts kann ich Ihnen diese etwas andere Stadtrundfahrt empfehlen. Erleben Sie damit Galways Attraktionen noch einmal aus einer ganz anderen Perspektive und erkunden Sie die Stadt mit hoffentlich ganz viel Spaß und in einem flotten Tempo. Ab 70 € pro Person bekommen Sie eine geführte zweistündige Tour und erhalten dabei wiederum vielleicht noch den ein oder anderen Geheimtipp von Ihrer professionellen Begleitung. Auch wenn Sie noch nie auf einem Segway gestanden haben, wird Ihnen der Einstieg von einem freundlichen Guide ganz leicht gemacht. Über den Linksverkehr müssen Sie sich dabei auch keine Gedanken machen: Also auf die Segways, fertig, los!

McDonagh's: Dieses Restaurant ist besonders bei den Einheimischen beliebt und darf daher nicht unerwähnt bleiben. „Hatten wir die Kategorie Restaurants nicht schon?", fragen Sie sich sicher jetzt. Ja, aber von diesem Lokalfavoriten möchte ich Ihnen gerne noch vorschwärmen. Auf dem Schild über der Eingangstür prangt die Bezeichnung „Seafood Restaurant, Fish & Ship Bar" und das Menü hält auch das, was Ihnen dort versprochen wird. Lassen Sie sich von frisch zubereiteten Fischspezialitäten überzeugen und kommen Sie vielleicht mit dem ein oder anderen „Local" bei traditionellem Essen und leckerem Bier ins Gespräch.

Food Tour: Ebenfalls aus dem thematischen Bereich Essen kommt mein nächster Geheimtipp. Haben Sie bereits eine „normale" Stadttour gemacht und wollen Galway noch einmal aus einer anderen Perspektive entdecken? Dann ist eine der Galway Food Tours genau das richtige für Sie. Gehen Sie auf eine kulinarische Wandertour und treten Sie nicht nur in Kontakt mit leidenschaftlichen Lebensmittelerzeugern, sondern kosten Sie auch die eine oder andere Leckerei. Sie werden überrascht sein, wie kulinarisch vielfältig die Stadt ist. Auf diesen geheimen Stadttouren kommen nicht nur Gourmets auf Ihre Kosten. Der Preis für eine solche Tour beträgt übrigens 95 € pro Person. Das mag jetzt vielleicht abschreckend klingen und vergleichsweise viel sein, aber glauben Sie mir: Es ist das Geld wert und einen Restaurantbesuch brauchen Sie meiner Meinung nach im Anschluss auch nicht mehr einzuplanen. Auf der Tour wird jeder satt und glücklich! Die Termine einsehen und buchen können Sie bereits im Vorfeld auf der Webseite.

Top 3 (nicht ganz so geheime) Geheimtipps in der Umgebung

Schlussendlich fühle ich mich einfach verpflichtet, Ihnen auch ein paar Tipps für die Umgebung mit auf den Weg zu geben – auch wenn dies ein Ratgeber der Stadt Galway ist. Das Umland hat so viel zu bieten, dass ich Ihnen die Top 3 Ausflugsziele im Folgenden kurz vorstelle.

Cliffs of Moher: Auch wenn man hierbei wirklich nicht von einem Geheimtipp sprechen kann (und die Klippen auch nicht mehr im gleichnamigen County liegen), muss man Irlands bekannteste Steilküste zumindest einmal live erlebt haben. Bei den etwa 80 km von Galway entfernten berühmten Steilklippen müssen Sie zwar mit einem hohen Besucherandrang rechnen, aber ein Ausflug dorthin ist wirklich großartig. An den höchsten Punkten sind sie über 200 Meter hoch und damit nicht nur faszinierend anzusehen, sondern auch ein beeindruckendes Fotomotiv. Ich empfehle Ihnen, die Klippen zu einer Zeit abseits der bis auf den letzten Platz besetzten Busse zu besuchen – informieren Sie sich diesbezüglich am besten noch einmal in der Touristenzentrale vor Ort. Falls Sie dann doch die zahlreichen Touristen vermeiden wollen und einen Ausflug zu den

Cliffs of Moher nicht in Angriff nehmen möchten, kann ich Ihnen als Alternative einen Abstecher auf den Loop Head empfehlen. Hier gibt es neben atemberaubenden Klippen in einer wesentlich ruhigeren Atmosphäre auch einen Leuchtturm zu sehen und einladende Wanderwege zu entdecken.

Wild Atlantic Way: Der Wild Atlantic Way ist auch längst kein Geheimtipp mehr. Dadurch aber, dass Sie diese Route auf sich selbst gestellt abfahren können, können Sie diesen Ausflug ganz individuell gestalten. Natürlich ist dabei die Voraussetzung, dass Sie sich einen Mietwagen dafür leihen. Irlands spektakuläre Küstenstraße erstreckt sich über 2600 Kilometer und führt entlang der Westküste. Da Galway in etwa auf der Hälfte der Strecke liegt, lohnt es sich von dort aus natürlich nicht, die ganze Fahrt anzutreten, aber es empfiehlt sich definitiv, einen Teilabschnitt zu befahren. Bei diesem Roadtrip erleben Sie auf jeder Minute der Fahrt eine beeindruckende Aussicht und können schöne Buchten und Strände bewundern oder auch aussteigen und sie besuchen. Informieren Sie sich gegebenenfalls direkt in der Stadt über die Kosten für einen Mietwagen, packen Sie sich Ihren Picknickkorb voll, schnappen Sie sich

Ihre Kamera und befahren Sie zum Beispiel den Abschnitt von Galway nach Kilkee.

Connemara National Park: Nicht zu vergessen ist auch der Connemara National Park. Dieses Naturphänomen ist auch ganz sicher eine Reise wert. Ich verspreche Ihnen, dass Sie sogar im strömenden Regen erkennen können, welches Naturwunder sich da vor Ihnen präsentiert (Glauben Sie mir, ich spreche aus eigener Erfahrung – selten bin ich so nass geworden wie auf meinem Ausflug nach Connemara. Aber damit muss man in Irland eben rechnen und deswegen rate ich Ihnen: Packen Sie unbedingt die Regenjacke und Wechselklamotten ein.). Im Norden von Galway erstrecken sich die bekannten und beeindruckenden Berg-, Graslandschaften und Seen. In dieser Umgebung können Sie wirklich Tage verbringen, also nehmen Sie sich Zeit. Im Connemara National Park können Sie aber nicht nur die Natur, sondern auch noch wildlebende Connemara Ponys bestaunen. Nicht umsonst wird die Region gern „Irlands Wilder Westen" genannt. Natürlich ist der National Park viel weitläufiger und umfasst noch die einen oder anderen Ausflugziele, so zum Beispiel Kylemore Abbey (die älteste irische Benediktinerinnenabtei), den Küstenort Clifden oder die etwa 10 Kilometer vom Festland entfernte Insel Inishbofin.

Diese Liste ist noch lange nicht zu Ende – wie Sie sehen, gibt es einiges zu entdecken und Connemara National Park könnte sich gut als Tagesausflug in Ihrem Galway-Trip einfinden. Sie werden es nicht bereuen!

Nice to know: Irland

BUSFAHREN

Anders als in Deutschland halten die Busse nicht an, sobald jemand an der Haltestelle steht. Wollen Sie also in den Bus einsteigen, reicht es nicht, sich nur für den Busfahrer sichtbar an der Haltestelle zu platzieren, sondern Sie müssen auch den Daumen beziehungsweise die Hand ausstrecken. So signalisieren Sie dem Busfahrer, dass er anhalten soll und Sie sein Fahrgast werden wollen. Halten Sie außerdem zum Busfahren immer Ihr Kleingeld bereit – Scheine werden nicht angenommen. Was ich Ihnen außerdem empfehlen kann, wenn Sie länger in Irland reisen und viel mit dem öffentlichen Nahverkehr unterwegs sind, ist die sogenannte Leap Card. Gegen eine einmalige Gebühr erhalten Sie die kreditkartenähnliche Prepaidkarte, mit der Sie ganz einfach Bus und Bahn fahren können. An Ticketautomaten können Sie bequem Guthaben aufladen und dann per Scanner pro Fahrt kontaktlos zahlen. Dabei sparen Sie bei Nutzung dieser Form des Tickest 20 % pro Fahrt. Die 5 €, die Sie für den Erhalt der Karte zahlen müssen, sind keine Leihgebühr, sprich, diese bekommen Sie am Ende Ihrer Reise nicht zurück. Aber vielleicht hat Sie ja anschließend das Irlandfieber gepackt und Sie können die Karte beim nächsten Besuch der grünen Insel wieder nutzen?! Falls Sie doch nicht wieder zeitnah zum Einsatz kommt, so hätten Sie wenigstens eine schöne Erinnerung.

SCONES & DAS
BÄCKERHANDWERK

Die Esskultur ähnelt, auch wenn man das im Beisein der Iren nicht zu laut sagen darf, denen der Briten. Daher finden Sie überall in Irland zahlreiche Klassiker, wie Fish & Chips, Fudge und Scones. Ich lade Sie herzlich ein, sich durch die Klassiker durchzuprobieren. Was ich Ihnen aber besonders empfehle, sind hausgemachte Scones. Setzen Sie sich zum späten Frühstück oder zum Nachmittagstee in eines der zahlreichen Cafés und genießen Sie einen solchen Scone. Diese buttrig zarten Brötchen werden mit Marmelade und einem Klecks Sahne serviert und schmecken frisch fantastisch. Sie werden dieses Gebäck in Deutschland bestimmt vermissen. Was Sie in Irland hingegen bestimmt vermissen werden, sind gute Bäckereien, wie es sie in Deutschland an fast jeder Ecke gibt. Zwar werden Sie auch hier und da eine „Bakery" finden, die sind aber nicht vergleichbar mit dem deutschen Bäckerhandwerk. Seien Sie also nicht enttäuscht, wenn Sie kein „richtiges" Brot finden, sondern sich mit (manche nennen es „gummiartigem") Weißbrot zufriedengeben müssen. Sie werden anschließend Schwarzbrote und die Vielfalt der deutschen Bäckereien zu schätzen wissen, falls dies nicht ohnehin schon der Fall ist.

IRISCH

Irisch gehört zu der keltischen Sprachfamilie. Obwohl die Sprache laut Verfassung noch Amtssprache in Irland ist, unterhält man sich vor allem im Alltag großflächig auf Englisch. Die Kleinen lernen bereits in der Vorschule die irische Sprache und Kultur, es wird aber so gesehen als „Fremdsprache" gehandhabt. Nichtsdestotrotz geht man davon aus, dass 20.000 bis 70.000 Menschen die Sprache noch fließend beherrschen und sich darin ausdrücken können. Für ebensolche, also auf Irisch, bezeichnet man die Sprache übrigens als „Gaeilge" oder auch „Gaolainn". Vielleicht begegnen Sie ja jemandem, der Ihnen sagen kann, wie man es richtig artikuliert. Denn im Irischen wird vieles ganz anders geschrieben als ausgesprochen. Im Gegensatz zum mündlichen Gebrauch findet man das Irische fast überall in schriftlicher Form. So sind zum Beispiel Straßenschilder immer zweisprachig: auf Englisch und der entsprechend irischen Übersetzung. In Gaeltacht sind solche Bezeichnungen ausschließlich auf Irisch, ebenso wie offizielle Dokumente.

> Als Gaeltacht bezeichnet man Regionen in Irland, in denen Irisch tatsächlich noch als offizielle Sprache im Einsatz ist. Die Einwohner dort sprechen Irisch fließend als Zweitsprache oder nennen es gar ihre Erstsprache. Diese Gebiete liegen überwiegend im westlichen Teil Irlands. Um die Sprache besser zu lernen und die irische Kultur zu erleben, reisen jedes Jahr Schulklassen dorthin.

Ich habe ein paar Vokabeln für Sie zusammengestellt. Ob Sie die Begriffe und Phrasen brauchen, um sich zu verständigen oder um anzugeben, überlasse ich Ihnen und der weiteren Verwendung.

Begriff	Übersetzung
an lar	die Mitte, das Stadtzentrum (Straßen- und Busschilder)
as serbheis	außer Betrieb
dunta	geschlossen
fir	Männer (bei Toiletten)
leithreas	Toilette

mna	Frauen (bei Toiletten)
na caitear tobac	Rauchverbot
oifig eolais	Touristeninformation
oscailte	geöffnet
pairceail	Parken

Wochentage:

Dé Luain (de lun)	Montag
Dé Mairt (de mort)	Dienstag
Dé Ceadaoin (de ke-din)	Mittwoch
Déardaoin (der-dien)	Donnerstag
Dé haoine (de hina)	Freitag
Dé Sathairn (de sahirin)	Samstag
Dé Domhnaigh (de dau-nig)	Sonntag

Zahlen:

aan (ein)	1
do (doh)	2
tri (tri)	3
ceathair (ke-hir)	4
cuig (kuh-ig)	5
se (sche)	6
seacht (schokt)	7

ocht (akt)	8
naoi (ni)	9
deich (di)	10

„DIE GRÜNE INSEL"

Irland ist bekannt als die grüne Insel. Nicht umsonst aber ist sie so grün: In Irland gibt es keine Jahreszeiten im mitteleuropäischen Sinne, weshalb die Temperatur keinen großen Schwankungen unterliegt. Das wiederum führt dazu, dass man von einem eher milden Sommer und Winter sprechen kann. Bei einem derartigen Klima sprießt das grüne Gras zwölf Monate im Jahr auf der Insel. Einzig und allein bemerkbar machen sich die unterschiedlichen Jahreszeiten, wenn es um den Einsatz des Rasenmähers geht: Im Sommer muss er das kräftig gewachsene Grün stutzen, im Winter hingegen kann er ungenutzt im Keller stehen bleiben.

Grün wird übrigens auch die Stadt und das ganze Land am St. Patrick's Day. Am Nationalfeiertag der Iren, dem 17. März, kramt jeder Ire so viele grüne und patriotische Kleidungsstücke wie er nur finden kann aus seinem Kleiderschrank und zieht damit ausgelassen feiernd um die Häuser. In Dublin findet alljährlich eine riesige Parade statt, aber auch in vielen Dörfern gibt es Straßenumzüge und große Feste. Veranstaltet wird das ganze Spektakel zu Ehren des Bischofs Patrick, des Schutzpatrons Irlands.

DAS LAND DER ROTHAARIGEN?

An dieser Stelle möchte ich mit dem Klischee der vielen Rothaarigen, der sogenannten „Redheads" oder „Gingers", in Irland aufräumen. Zwar werden Sie bei Ihrer Ankunft dort bestimmt den einen oder anderen Iren mit rotem Haupthaar sehen, aber es sind bei weitem nicht so viele, wie es den Anschein erwecken mag. Zwar sind es mit rund 10 % mehr Menschen, deren Haare rot oder in einem rotähnlichen Ton sind, als in Deutschland (in Deutschland trifft das auf rund 2 % der Bevölkerung zu), aber das ist doch ein eher kleiner Prozentanteil. Trotzdem erklärt der mit übrigen Ländern Europas vergleichbar höhere Anteil das Klischee, dass alle Iren rothaarig seien. Mehr Rothaarige als in Irland gibt es aber zum Beispiel in Schottland.

„Ginger" ist übrigens nicht nur positiv behaftet, sondern wird oft auch als eine abwertende Bezeichnung von Rothaarigen verstanden. Viele empfinden den Ausdruck als beleidigend, fühlen ihren Minderheitsstatus vorgeführt oder ärgern sich zum Beispiel über daraus entstehende Wortwitze. Andere wiederum sehen das aber nicht so eng und nehmen sich auf der Irish Red Head Convention mit „Ginger Speed Dating" und der Band Ginger Nuts selbst nicht ganz so ernst. Der ebenfalls rothaarige bekannte Sänger Ed Sheeran scheint damit jedenfalls auch keine Probleme zu haben – heißt das von ihm gegründete Label doch „Gingerbread Records".

Ed Sheeran performt übrigens auch eine Version des weltbekannten Lieds „Galway Girl". Aber das haben Sie bestimmt bereits oft im Radio gehört. Wie geht es Ihnen aber mit der Version von

> Steve Earle? Kennen Sie die auch? Falls nicht, unbedingt einmal reinhören!

DIE IREN UND IHRE PUBS

Die Pubs und Irland gehören zusammen wie Pech und Schwefel. In den Kneipen halten sich die Iren sehr gern auf, egal zu welcher Tages- oder Nachtzeit. In Pubs trifft man auf Freunde und solche, die es dann werden, Nachbarn oder Familie. Sogar im Anschluss an Trauerfeiern zieht es die Iren in ihre Pubs. Denn in den urigen Räumlichkeiten herrscht eine familiäre Stimmung und man genießt das Beisammensein. Ausgeschenkt wird in den Pubs neben zahlreichen Spirituosen und anderen Getränken das typisch irische Bier Guinness. Guinness, das übrigens in Dublin gebraut wird und dessen Brauerei man dort auch besichtigen kann, ist ein Stout-Bier und damit von dunkler Farbe und süßlich schmeckend. Wenn Sie schon in Irland sind, müssen Sie wenigstens einmal eines probiert haben. Wer weiß, vielleicht finden Sie ja Gefallen daran und finden sich bald schon prostend und singend in bester irischer Gesellschaft wieder?!

Irische Musik und Irish Dancing

Zuletzt muss ich Ihnen natürlich noch etwas über den bereits angesprochenen Gesang der Iren mit auf Ihren Weg geben. Irish Folk ist genauso ein Bestandteil der irischen Kultur wie die zahlreichen Pubs. Auch wenn Sie entsprechende Lieder nicht täglich im Radio hören oder sich im Fanclub ansiedeln, so kennen Sie bestimmt den einen oder andern Song. Unter die gern als „Irish Traditional Music" bezeichnete Musikform fällt zum Beispiel „Whiskey In The Jar" und „Danny Boy". Summen Sie schon vor sich hin oder haben Sie bereits einen Ohrwurm? Falls nicht, so haben Sie den spätestens nach einem Pubbesuch. Gerade an Wochenenden wird in zahlreichen Pubs für Sie Livemusik gespielt. Da stimmen alle ein, ob Einheimische oder Touristen. Die traditionelle Musik entsteht üblicherweise aus einer Kombination aus der Bodhrán (große Trommel; Aussprache „bouroon"), dem Dudelsack, der keltischen Harfe, der irischen Bouzouki (ähnlich einer riesigen Mandoline) und nicht zuletzt der Flöte. Die Kombination dieser Instrumente unterstützt die rhythmischen Gesangsstücke und sorgt für gute und ausgelassene Stimmung. Die Lieder laden zum Mitsingen ein und machen einfach Spaß! Lassen auch Sie sich davon begeistern.

Wo Musik gespielt wird, da wird natürlich auch getanzt. Traditioneller irischer Tanz setzt sich zusammen aus mehreren Varianten unterschiedlicher Volkstänze. Der bekannteste davon ist wohl aber der Stepptanz. Hierbei geht die Bewegung ausschließlich von den Füßen des Tänzers aus und der Oberkörper und die Arme selbst werden nicht bewegt. Dabei tragen die Tänzer bestimmtes Schuhwerk, in dem sie gut steppen können. Bestimmt haben Sie bereits von „Riverdance" gehört, welches eine Show professioneller Stepptänzer ist – merken Sie sich einen Besuch vor. Aber auch die unzähligen anderen Formen wie der Gruppentanz gehören zum Irish Dancing. Dabei tanzen Paare zusammen und verteilen sich im ganzen Raum. Sowohl in großen Städten als auch in Dörfern findet man diese Art des Tanzes. Schnuppern Sie doch einmal in einen Kurs hinein. Vielleicht werden Sie aber auch direkt von einem Iren oder einer Irin zum Tanz aufgefordert, das Tanzbein zu schwingen! Bei dem lustigen Völkchen kann so etwas gut und gern vorkommen.

Kosten

TAGESBUDGET

Ihnen ein Tagesbudget zu empfehlen, fällt natürlich immer schwer, denn es kommt sehr darauf an, wie Sie planen, den Tag zu verbringen. Hinzu kommt die Frage, ob Sie sich zumindest teilweise selbst verpflegen können und wollen oder ob Sie auch drei Hauptmahlzeiten und sonstige Snacks sowie Getränke in die täglichen Kosten mit einbeziehen müssen. In diesem Ratgeber gehe ich davon aus, dass Sie das Frühstück nicht extra zahlen und einplanen müssen, sondern dass es – egal, wo Sie sich entscheiden, unterzukommen – bereits im Preis Ihrer Unterkunft enthalten ist.

Verpflegung: Lebensmittel sind in Irland nicht viel

teurer als in Deutschland, sondern befinden sich ungefähr im gleichen Preisrahmen. So können Sie also mit einem kleinen Schein Getränke und Snacks im lokalen Supermarkt erstehen oder ein Eis auf die Hand kaufen. Für einen Abend, an dem Sie auswärts essen gehen, sollten Sie ein bisschen mehr Geld einplanen. Ein günstiges Abendessen im Restaurant oder Pub bekommen Sie ab 15 €. Natürlich ist das nur die unterste Preiskategorie und Sie können je nach Restaurant auch deutlich mehr für eine Mahlzeit ausgeben. Nach oben ist keine Grenze gesetzt und besonders je nach Getränk kann das Budget für das auswärtige Essen nach oben korrigiert werden. Aber das ist ja nicht nur in Galway, Irland, so, sondern das sollten Sie bereits aus Deutschland oder anderen Ländern auch kennen. Ein für Irland bekanntes Guinness bekommen Sie jedenfalls für rund 5 €.

Aktivitäten: Auch in dieser Kategorie lässt sich natürlich kein festes Budget nennen, da die Kosten je nach Aktivität stark variieren können. Wollen Sie Irland auf eigene Faust entdecken und vermeiden, kostenintensive Touren zu buchen, so müssen Sie folgende Kostenaspekte in Ihre Planung mit einbeziehen:

- Spritgeld beziehungsweise Ausgaben für öffentliche Verkehrsmittel, sofern Sie sich nicht nur im fußläufig erreichbaren Teil der Stadt Galway aufhalten oder nicht den ganzen Tag zu Fuß unterwegs sein wollen
- Eintrittspreise/Gebühren für Sehenswürdigkeiten oder kostenpflichtige Attraktionen, wie zum Beispiel Museen
- Geld für Souvenirs oder Mitbringsel

Unterkunft: Bei Unterkünften kommt es sehr darauf an, wie viel Anspruch Sie daran stellen und welche Komfortbedürfnisse Sie sich vorstellen. Die besten Hotels, die ich Ihnen bereits im vorangegangenen Kapitel vorgestellt habe, bewegen sich natürlich in einem anderen preislichen Rahmen als Hostels, Bed & Breakfasts oder einfache Pensionen. Für eine Nacht in einem kostengünstigeren Hotel sollten Sie einen Preis ab 60 € für ein Doppelzimmer einplanen. Ein Zimmer in einem Hostel mit vielen Betten bekommen Sie ab 12 € pro Nacht. Private Zimmer in Hostels sind teurer und vergleichbar mit der Unterbringung in Pensionen oder Bed & Breakfasts. Die Preise belaufen sich hier auf 50 € bis 60 € pro Nacht.

Hier noch einmal die Kosten im Überblick, aufsteigend geordnet nach Preis pro Nacht:

Hostel	ab 12 €
Bed & Breakfast / Pension	ab 50 €
Hotel	ab 60 €

DIE REISE NACH GALWAY MIT EINEM KLEINEN GELDBEUTEL

Anreise: Auch wenn der Flughafen Ireland West Airport Knock der nächste von Galway aus gesehen ist, empfehle ich vor allem denjenigen, die nur ein schmales Budget haben, nach Dublin zu fliegen. Flüge der Fluggesellschaft Ryanair oder Eurowings bieten Flüge für einen Preis ab 23 € pro Strecke an. Steigen Sie anschließend vom Flughafen direkt in den Bus, um nach Galway zu fahren, belaufen sich (inklusive Buskosten) die gesamten Anreisekosten auf nicht einmal 40 € pro Strecke. Wenn Sie Glück haben und ein Angebot, das Hin- und Rückreise beinhaltet, finden oder in einem sonstigen Aktionszeitraum buchen, können Sie sogar mit noch weniger rechnen. Ich rate Ihnen, unbedingt die Preise (auf www.skyscanner.de) zu vergleichen.

> In besten Zeiten findet man sogar Flüge für knapp 10 € pro Strecke. Ich habe bereits Angebote von Ryanair für unter 20 € für Hin- und Rückweg gefunden. Bei so etwas kann ich nur einen Tipp geben: Nicht lange überlegen, sondern buchen, bevor die Preise wieder steigen!

Womit Sie außerdem Kosten sparen können, ist das Gepäck. Wenn Sie nur mit Handgepäck reisen, können Sie einfach die entsprechende Option bei der Flugbuchung wählen, um somit teure Gepäckkosten zu sparen. Handgepäck heißt bei den meisten Fluggesellschaften schon längst nicht mehr nur ein kleiner Rucksack, sondern erlaubt üblicherweise einen kabinengroßen Trolley, mit dem Sie bequem für mindestens eine Woche in Irland auskommen.

Verpflegung: Jedem sollte bekannt sein, dass ein Restaurantbesuch immer teurer ist als Kochen in der eigenen Küche. So ist es auch, wenn Sie in Galway unterwegs sind. Achten Sie also darauf, dass Sie eine Unterkunft buchen, die eine Kochgelegenheit hat, sodass Sie dort selbst Mahlzeiten zubereiten können. Was sich dann ebenfalls anbietet, ist es, Mahlzeiten für unterwegs vorzubereiten: So kann man entweder Portionen vorkochen oder auch Zwischenmahlzeiten wie belegte Brote vorbereiten, die man gut unterwegs mitnehmen und verzehren kann. Wie wär's mit einem Picknick? Kaufen Sie doch einfach etwas Obst oder Getränke und bereiten Sie einige Kleinigkeiten vor. Daraus ergibt sich auch gleich ein neuer Programmpunkt, den Sie an einem schönen Fleckchen in Galway einplanen können.

Aktivitäten: Es gibt zahlreiche Aktivitäten, die Ihren Geldbeutel nicht stark beanspruchen.

Täglich wird in Galway zum Beispiel eine kostenlose Stadtführung angeboten. Meistens treffen Sie am ausgeschriebenen Treffpunkt junge motivierte Stadtführer, die bereit sind, Ihnen die Stadt zu zeigen, und die Sie mit Ihrer Begeisterung anstecken. Schließen Sie sich dieser Tour am besten gleich zu Beginn Ihres Besuchs an. Dann können Sie gegebenenfalls direkt von weiteren (Spar)Tipps für Ihren Aufenthalt profitieren. Wie der Name bereits verrät, ist die Tour komplett kostenlos. Ein Trinkgeld ist jedoch nicht nur gern gesehen, sondern der inoffizielle

Preis für diesen Rundgang. Aus meiner Erfahrung werden Sie aber sehr gern ein angemessenes Trinkgeld geben, da die meisten Guides ihre Sache sehr gut machen und Sie viel aus der Führung mitnehmen können. Und günstiger als ein kostspieliger Paketpreis oder Ähnliches ist es allemal.

Was auch immer kostenlos ist, sind Spaziergänge oder Ausflüge in Parkanlagen. Schlendern Sie doch einfach am Wasser entlang, erkunden Sie die Bucht oder machen Sie einen Abstecher in den nächstgelegenen Park. Dort kommen höchstens Kosten für ein Eis oder eine andere Kleinigkeit auf Sie zu.

Natürlich sind auch Sehenswürdigkeiten in Form von eintrittsfreien Monumenten, Kathedralen, öffentlich zugänglichen Gebäuden, Denkmälern oder berühmten Straßen und Gassen ohne jegliche Kosten verbunden. Die entsprechenden Sehenswürdigkeiten finden Sie im vorausgegangenen Kapitel *Was hat die Stadt zu bieten?*.

Unterkunft: Wie Sie bereits im entsprechenden Kapitel lesen konnten, gibt es verschiedene Formen der Unterbringung und es gibt eine Option für jedes Budget. Demnach kann ich als kostengünstige

Variante die Übernachtung in einem Hostel empfehlen. Was sich aber auch für Leute anbietet, die etwas aufgeschlossener sind und etwas weniger Wert auf Privatsphäre legen, sind weitere Möglichkeiten, wie beispielsweise Airbnb. Auf der Plattform Airbnb finden Sie die unterschiedlichsten Angebote und auch Übernachtungsmöglichkeiten zum kleinen Preis. Dabei kann es sich dann allerdings durchaus auch um ein Privatzimmer in einer Wohnung handeln. Dort werden inzwischen aber auch Appartements angeboten, die wiederum etwas teurer sein können. Beides kann natürlich seinen Reiz haben. Es kommt aber auch darauf an, was Sie erwarten und wie Sie sich die Übernachtung vorstellen. Es kann ja durchaus attraktiv sein, mit den Gastgebern in Kontakt zu kommen und vielleicht sogar den einen oder anderen Tipp eines Einwohners zu bekommen.

Die extremste Form eines solchen kulturellen Austauschs im Zusammenhang mit einer Übernachtung ist das Couchsurfing: Auf der entsprechenden Webseite finden Sie Angebote von Mitgliedern dieser Community, die Ihnen kostenlos Ihre Couch zur Verfügung stellen. Alle, die dieses Konzept nicht kennen, fragen sich wahrscheinlich nun „Kostenlos irgendwo auf jemandes Couch übernachten – wie funktioniert das und ist das wirklich kostenlos?". Im Prinzip, ja: Die Gastgeber erwarten aber durchaus eine kleine Gegenleistung. Das kann alles sein, ein Einkauf, eine Packung Toilettenpapier oder auch einfach ein gutes Gespräch und der persönliche Austausch als Gegenleistung. Das kommt immer ganz auf den sogenannten Host an. Das finden Sie im Profil des Gastgebers oder im persönlichen Nachrichtenaustausch heraus. Falls ich Ihr Interesse an diesem Konzept geweckt haben sollte, empfehle ich Ihnen, sich einfach einmal auf der Internetseite (www.courchsurfing.com) durchzuklicken und sich einen Eindruck zu verschaffen. Selbstverständlich ist auch die Nutzung der Seite und das Erstellen eines Nutzerprofils kostenlos.

Sonstiges: Was Sie natürlich nicht am Geld ausgeben hindert, aber möglicherweise dabei anfallende Gebühren verhindert, ist die Beantragung einer DKB VISA Kreditkarte. Dabei handelt es sich um eine kostenlose Kreditkarte, die keinerlei Jahresgebühr erhebt und es Ihnen erlaubt, kostenlos Geld abzuheben. Diesbezüglich kann ich Ihnen noch einen letzten Finanztipp mitgeben: Heben Sie zu Beginn

Ihres Aufenthalts einen Geldbetrag ab oder nehmen Sie diesen direkt aus Deutschland mit, um so Ihre Ausgaben zu kontrollieren. So kommt es nicht so schnell dazu, dass Sie unkontrolliert und/oder mehr als geplant ausgeben, und Sie behalten Ihre Ausgaben im Überblick.

Achten Sie darauf, dass Ihr Handyvertrag Ihnen keine Mehrkosten bereitet. Sollten Auslandsgespräche nach Irland oder Textnachrichten und die Internetnutzung in Ihrem Tarif nicht enthalten sein, so stellen Sie sicher, dass Sie diese Kosten umgehen. Eine andere Möglichkeit wäre es, sich im Vorfeld zu informieren und gegebenenfalls ein entsprechendes Paket zu buchen. Das ist meistens günstiger als zusätzlich anfallende Gebühren. Wenn Sie aber nicht gerade rund um die Uhr erreichbar sein müssen beziehungsweise Ihr Smartphone nicht viel benutzen, kann ich Ihnen durchaus empfehlen, sich darüber keine Gedanken zu machen. Nutzen Sie lieber Ihre Zeit in Irland und genießen Sie Ihren Aufenthalt in der Stadt, ohne ständig auf Ihr Handy zu schauen. So eine Zeit abseits des Bildschirms kann doch auch sehr reizvoll und erholsam sein. Falls Sie doch auf mobiles Internet oder Ähnliches angewiesen sind, so gibt es genügend Möglichkeiten, sich in ein kostenloses WLAN vor Ort einzuloggen.

Los geht's!

Falls Sie inzwischen nicht schon bereits die Reise gebucht und/oder die Koffer gepackt haben, frage ich mich: Worauf warten Sie noch? Ausreden, dass das Budget nicht reicht, sollten auch mit dem letzten Kapitel zumindest abge-schwächt worden sein.

Ich hoffe jedenfalls, dass ich Ihnen als großer Ir-landfan und Autorin dieses Ratgebers ebenfalls Lust auf dieses Land bereitet habe und Ihnen ein paar Tipps mit auf Ihren Weg geben konnte.

Irland und stellvertretend dafür Galway ist defi-nitiv eine Reise wert und egal, in welcher Form Sie die Reise antreten, es wird für Sie sicher ein noch lange in Erinnerung bleibender Ausflug werden. Vielleicht werden Sie ja danach zum „Wiederholungstäter" und treten die Anreise noch öfter an? Wer weiß, eventuell sehen wir uns ja demnächst persönlich im Flugzeug?!

Gern freue ich mich, wenn Sie Anregungen, Tipps und sonstige Erfahrungen, die Sie mir mitteilen möchten, über mein Lektorat an mich herantragen. Falls der eine oder andere Punkt Ihrer Meinung nach hier fehlt und in den Ratgeber aufgenommen werden sollte, so lassen Sie mich auch das wissen.

Vielen Dank für Ihr Vertrauen, dafür, dass Sie mich mit dem Lesen dieses Buches unterstützt haben und danke, dass Sie bis zum Ende dabeigeblieben sind. Vielleicht wird Sie dieser Ratgeber ja auf Ihrer Irlandreise begleiten?!

Ich freue mich jedenfalls, wenn ich einen Mehrwert für Sie schaffen konnte. Nun bleibt mir zum Abschluss nur noch eines zu sagen: Viel Spaß in Galway und genießen Sie die Reise auf die grüne Insel!

Ihre *Tatjana*

Herstellung und Verlag:

BoD – Books on Demand, Norderstedt

ISBN: 9783750499263

© Tatjana Seeberger 2020

1. Auflage

Kontakt: Psiana eCom UG/ Berumer Str. 44/ 26844 Jemgum

Covergestaltung: Fenna Larsson

Coverfoto: depositphotos.com